國家圖書館特藏珍品

乾隆御製稿本 西清硯譜

〔第十一册—第十二册〕

上海書畫出版社

第十一册

欽定西清硯譜目錄

○第十一冊○

石之屬

○○宋端石歸去來辭硯 安瀾園
○○宋端石貨布硯 澤蘭堂
宋端石七星硯 獅子林
宋端石風字硯
宋端石百一硯
欽定西清硯譜

欽定西清硯譜

宋端溪天然子石硯

宋端溪子石蟠桃核硯

宋端石三星硯

宋端石聚奎硯

宋端石洛書硯

宋端石歸去來辭硯正面圖

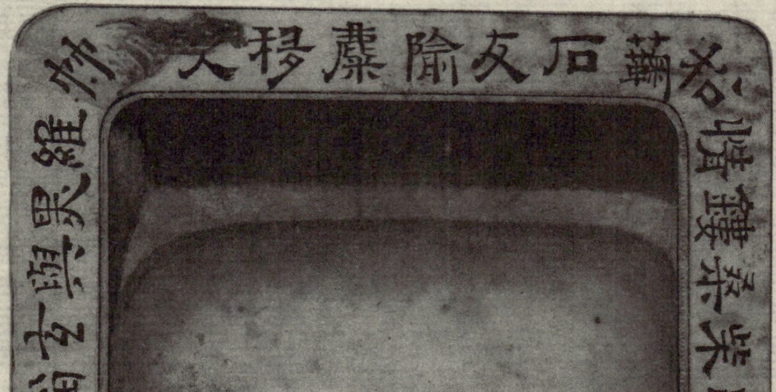

宋端石歸去來辭硯背面圖

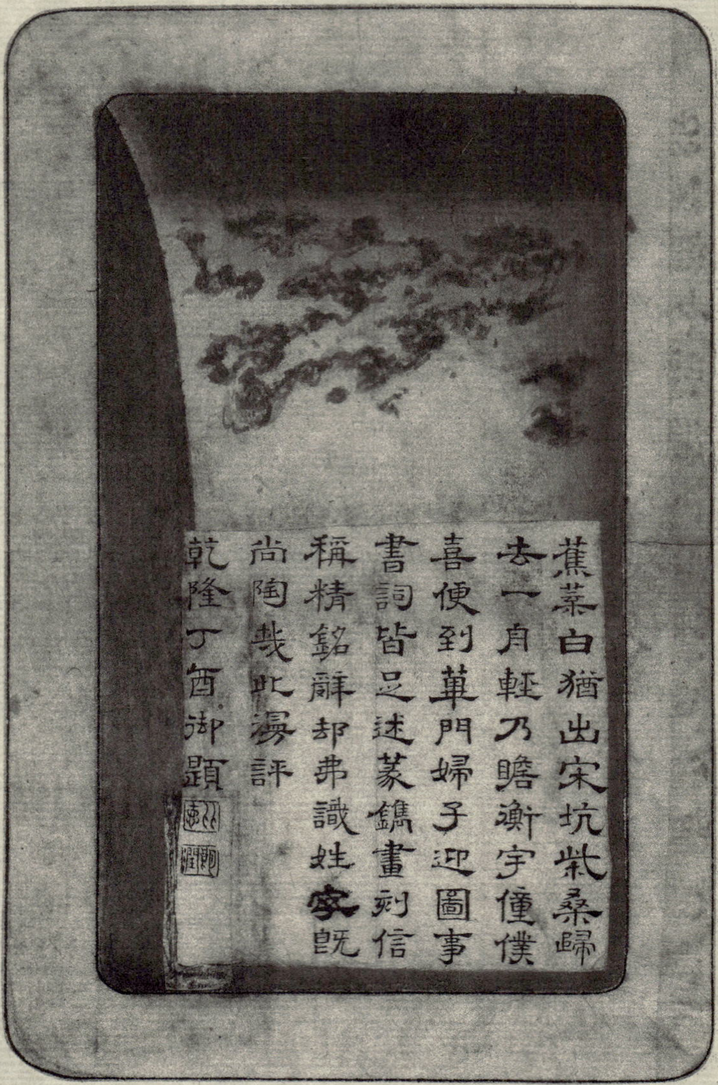
蕉葉白猶出宋坑紫桑歸
去一身輕乃瞻衡宇僮僕
喜便到蓽門婦子迎圖事
書詞皆足述篆鐫畫刻信
稱精銘辭却弗識姓字既
尚陶哉此漫評
乾隆丁酉御題

宋端石歸去来辭硯側面圖

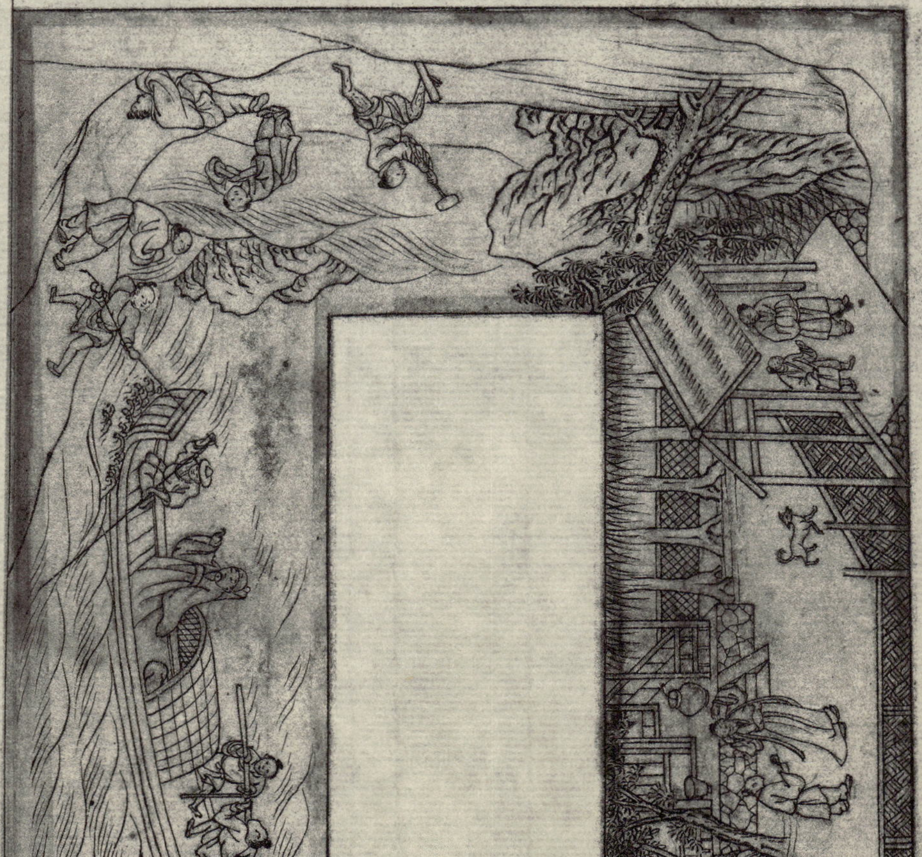

二

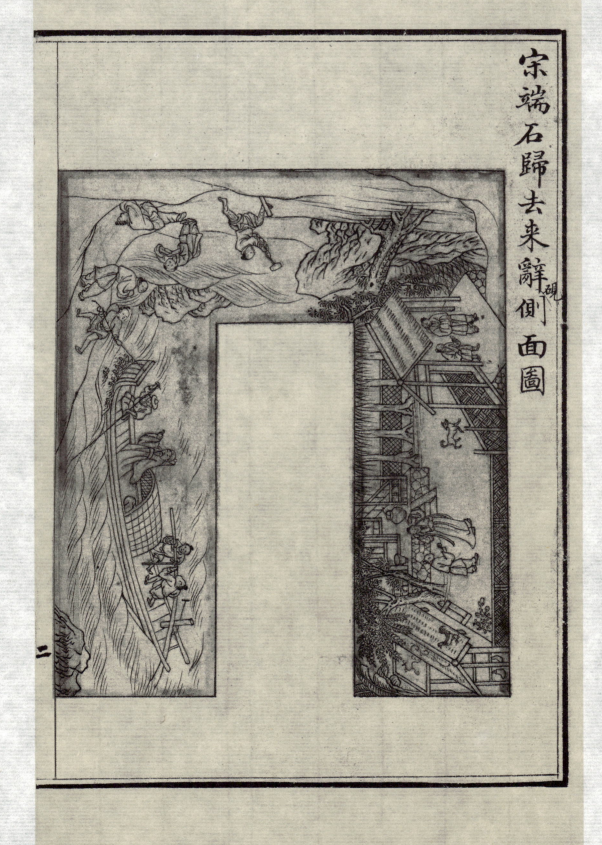

宋端石歸去來辭硯下方側面圖

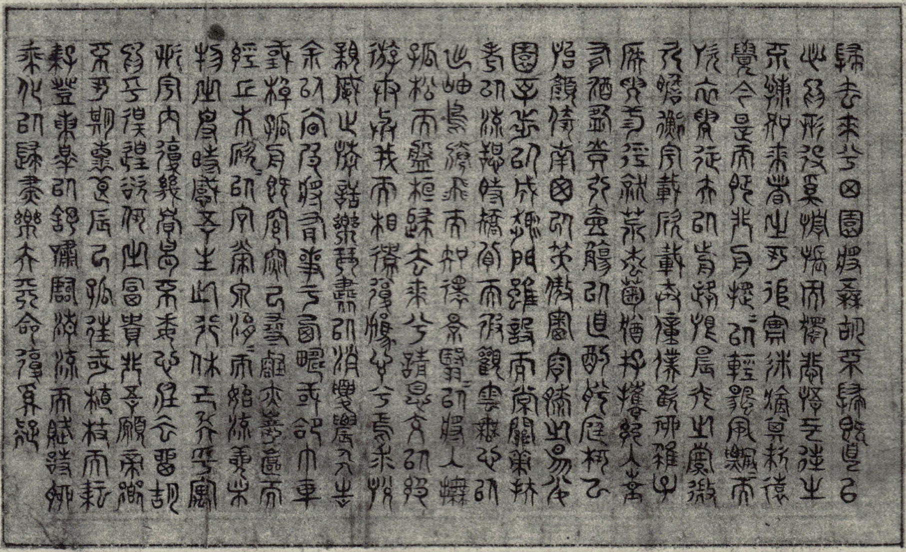

宋端石歸去来辭硯説

硯高七寸寬四寸五分厚二寸五分宋水坑蕉葉白端石也面四週鐫隸書銘四十八字不署款上方左剥蝕二字硯側上左右三面週刻晋陶潛歸去来辭景下側鐫篆書歸去来辭全文亦無款硯背深窪辟立寸有十分寸之六鐫隸書

御題五言律詩一首隸書鈐寶二曰比德曰朗潤并鐫匣蓋

並鐫是詩隸書

鈐寶二曰幾暇怡情曰得佳趣是硯雖作銘篆刻

姓氏不著而石質碧瑩真如蕉心初展墨鏞亦深透繪景處輕舟欵門童稚歡候柴桑隱趣宛然在目尤極工緻生動洵非宋質宋製不能

御製題宋端石歸去來辭硯

蕉葉白猶出宋坑紫桑歸去一舟輕乃瞻衡宇童僕喜便到蓽門婦子迎圖事書詞皆足述篆鐫畫刻信稱精銘辭却弗識姓氏既尚陶哉此漫評

無名人銘　有美琅玕、亂凌結綠、剗跡紫桑、鍰情松菊、石友偕歸、摩挲移晷　以維黑與玄、淄磷不辱、用爾摩厲、儀爾止足、爾維它山、我以攻玉、

宋端石貨布硯正面圖 繪圖十分之七

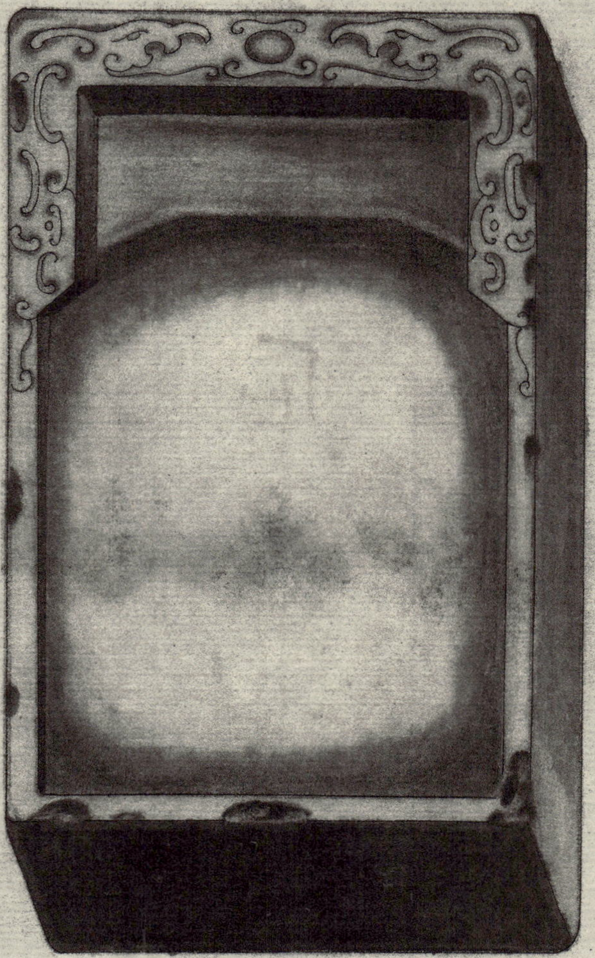

五

宋端石貨布硯背面圖

宋端石貨布硯下方側面圖

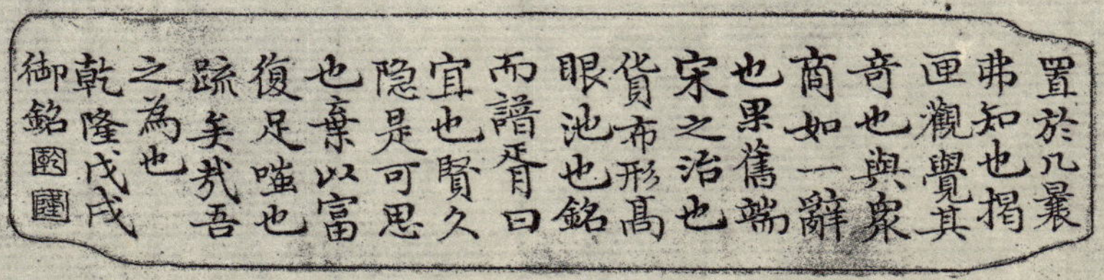
置於几案
弗知也揭
匣觀覺其
奇也與衆
商如一辭
也果舊端
宋之治也
貨布形髙
眼池也銘
而譜胥曰
宜也賢久
隐是可思
也棄以富
復足嗤也
跡美哉吾
之為也
乾隆戊戌
御銘

宋端石貨布硯說

硯高五寸三分寬三寸五分厚一寸宋水坑蕉白也通體青花隱起質理細潤磨治精純硯面刻作貨布式首凸鸜鵒高眼一環抱雙夔受墨處微凹池中墨鏽瑩透週有剥蝕處覆手中鐫枕石齋三字篆書無考而篆法古雅刀痕精勁定出名手下方側鐫

御題銘一首楷書鈐寶二曰乾隆匣蓋並鐫是銘隸書

鐫寶二曰會心不遠曰德充符

七

御製宋端石貨布硯銘

置於几曩弗知也揭匣觀覺其奇也與衆商如一辭也

果舊端宋之治也貨布形高眼池也銘而譜胥曰宜也

賢久隱是可思也棄以富復足嗤也疏矣哉吾之爲也

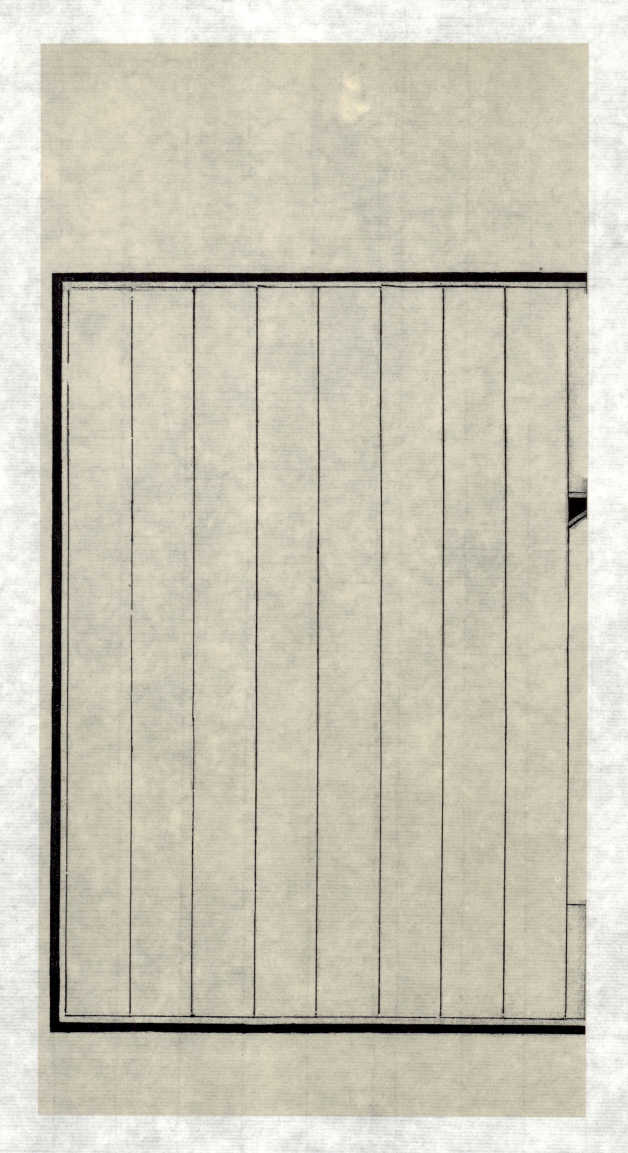

宋端石七星硯正面圖

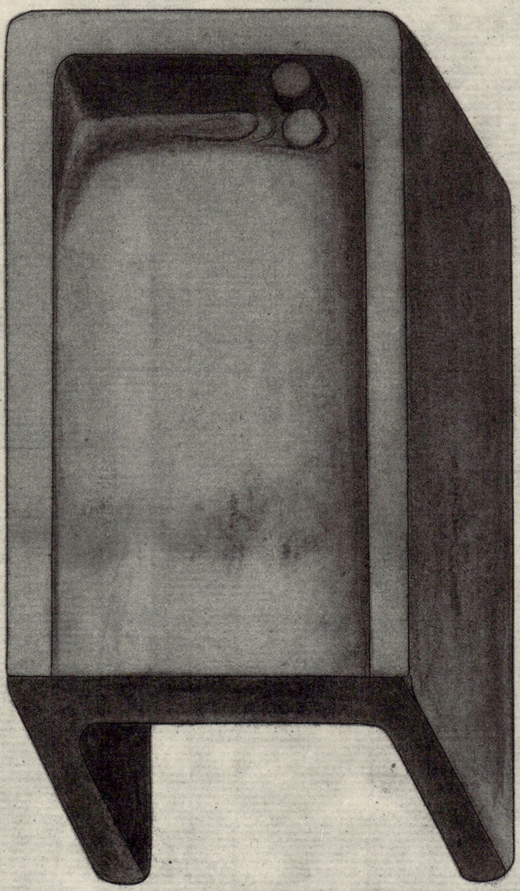

宋端石七星硯背面圖

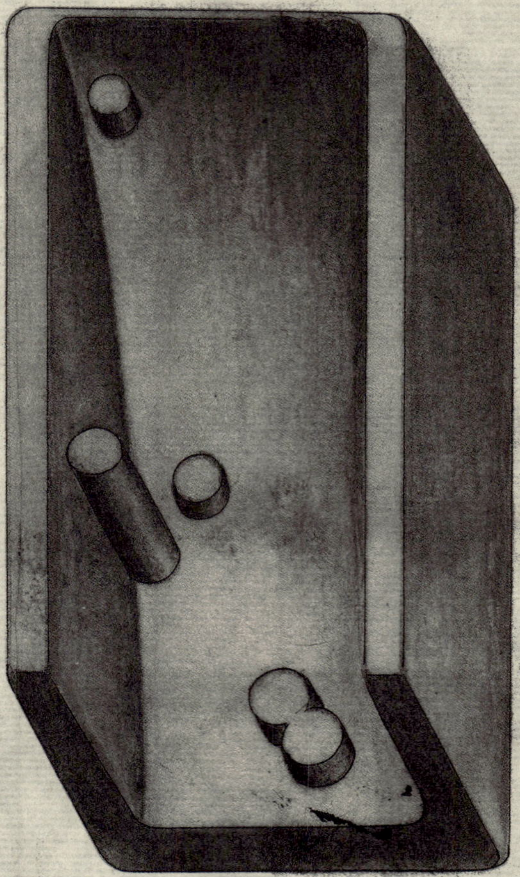

宋端石七星硯側面圖

隆池銘語三橋識一樂百枚興湧泉設以為文方北斗昌黎境詣豈輕肩
乾隆御題

筆硯精良人生一樂紙窗竹屋得少佳趣
三橋

我硯有百惟此最堅方寸墨池磨如湧泉
隆池珍賞

宋端石七星硯說

硯高三寸寬一寸八分厚一寸長方式石理堅潤發墨墨池深三分池中柱二各有鸜鵒眼左側鐫行書銘十六字署款曰隆池珍賞下有隆池長方印一右側鐫篆書識語十六字署款曰三橋下有文彭二字連印硯首側鐫楷書

御題七言絶句詩一首楷書鈐寶一曰古香并隸書鐫匣蓋
并鐫是詩隸書
鈐寶二曰比德曰朗潤硯背柱五有鸜鵒眼者三

按三橋明文彭號隆池明彭年號是硯確係宋坑舊石復經文彭葦珍賞洵爲文房佳品亟登錄

御製詩与硯同隸書

平字

御製詠宋端石七星硯
隆池銘語三橋識一樂百枚興湧泉設以為文方北斗
昌黎境詣豈輕肩
彭年銘　我硯有百惟此冣堅方寸墨池磨如湧
○泉
文彭識語　筆硯精良人生一樂紙窓竹屋得少
○佳趣

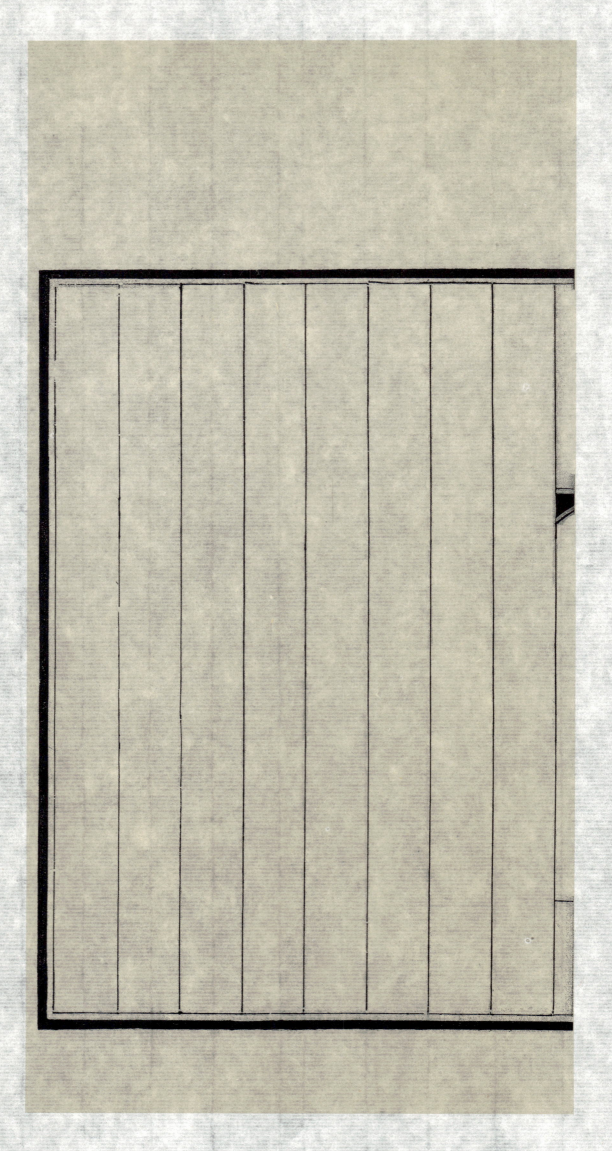

宋端石風字硯正面圖

繪圖十分之八

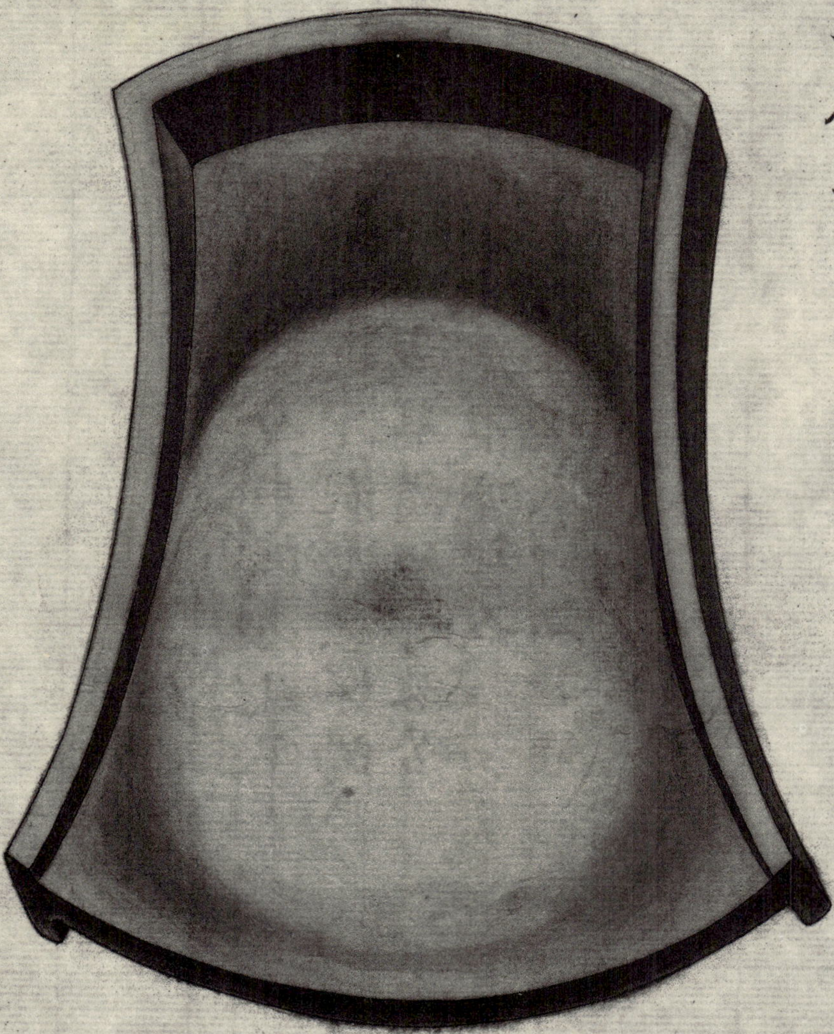

十三

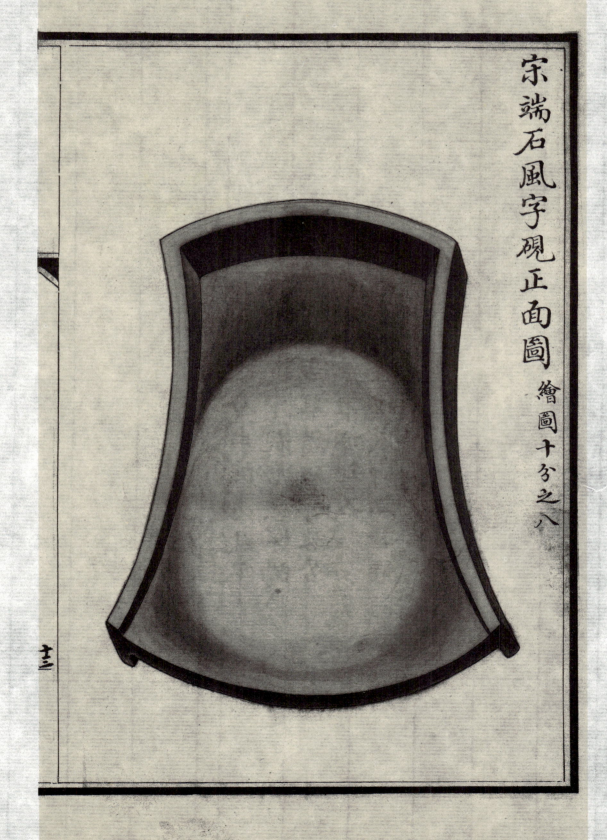

宋端石風字硯背面圖

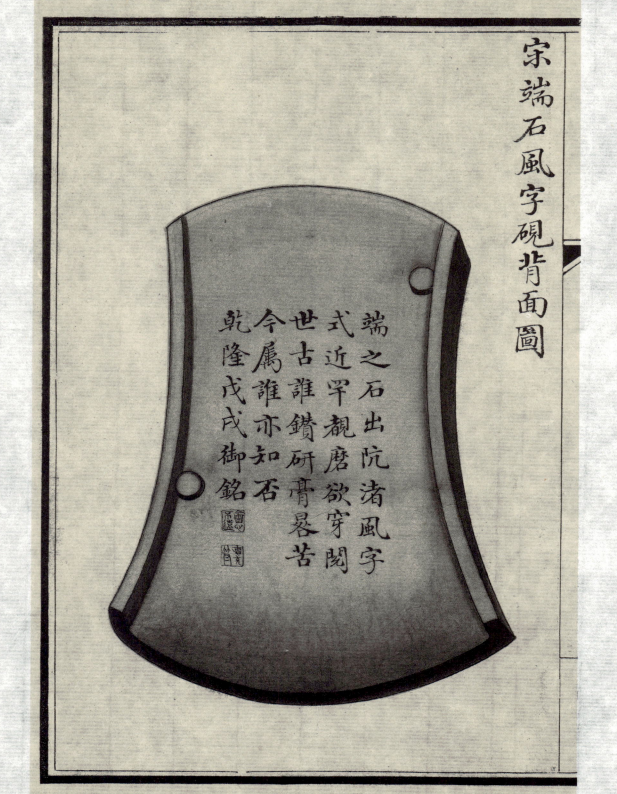

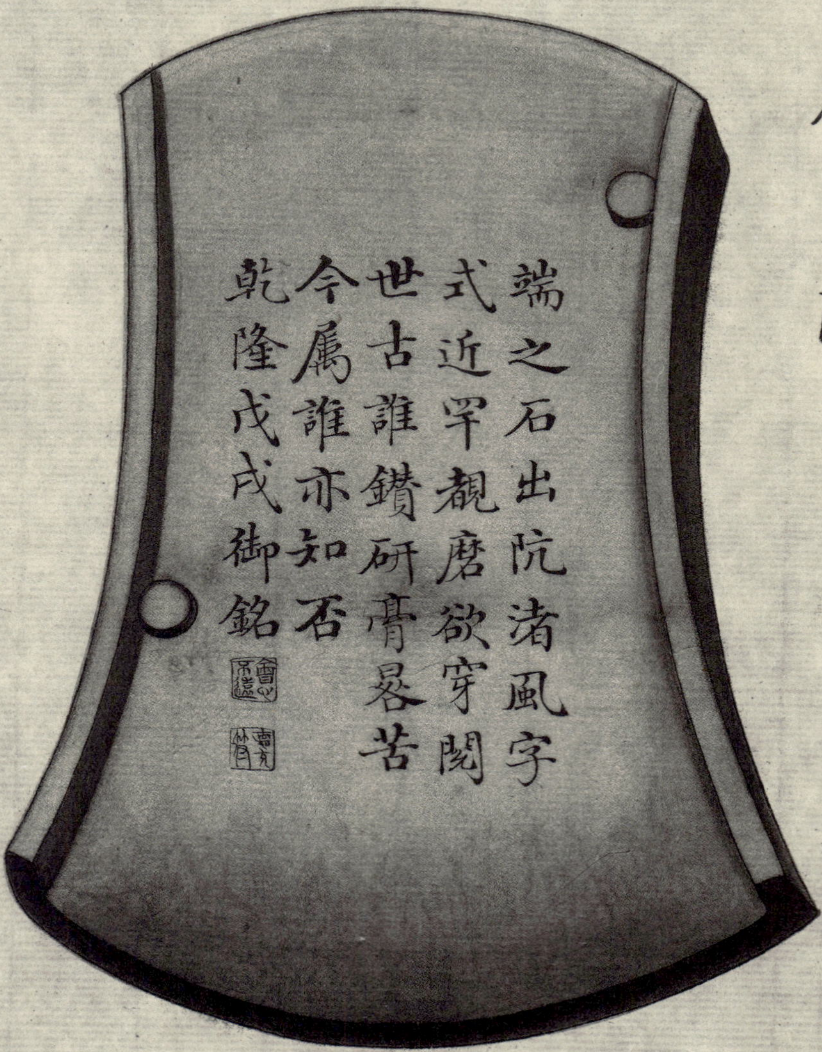
端之石出阮渚風字
式近罕覯磨欲穿閱
世古誰鑽研膏晷苦
今屬誰亦知否
乾隆戊戌御銘

宋端石風字硯説

硯高五寸八分風字式上寬三寸四分下寬四寸五分厚四分宋坑端石為之受墨處平通墨池墨鏽古厚右側有翡翠痕覆手左右直勒下兩跗離几二分許跗旁刻作兩柱右高而左下中鐫

御題銘一首楷書鈐寶二曰會心不遠曰德充符匣蓋並鐫是銘隸書鈐寶二曰幾暇怡情曰得佳趣是

硯質薄體寬可多受墨尤便行笥提挈

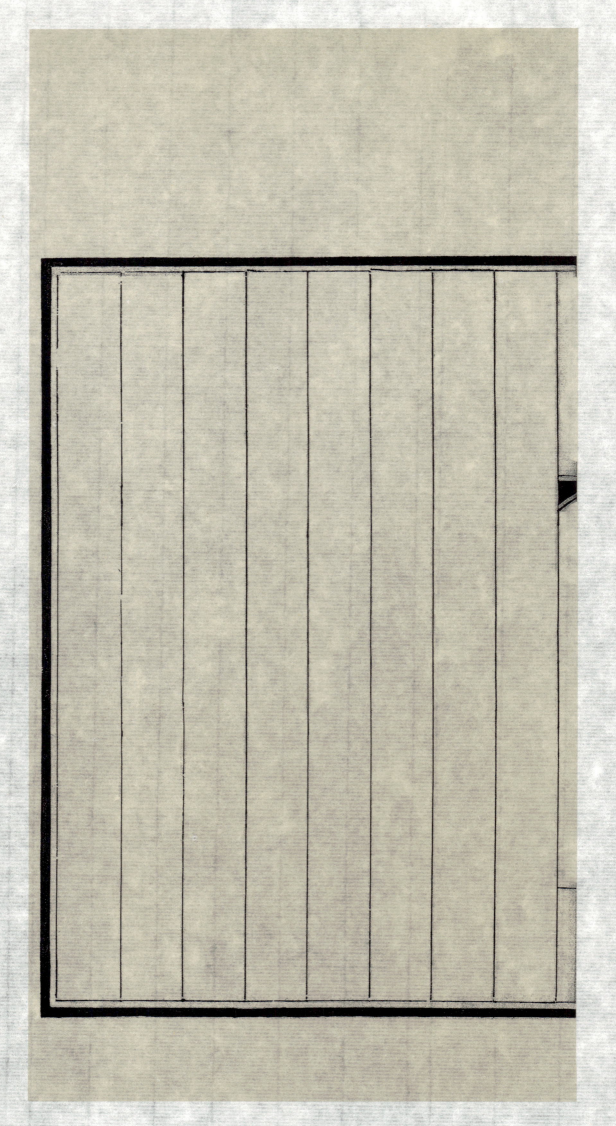

御製宋端石風字硯銘

端之石出阬渚風字式近罕覩磨欲穿閱世古誰鑽研膏晷苦今屬誰亦知否

宋端溪天然子石硯正面圖

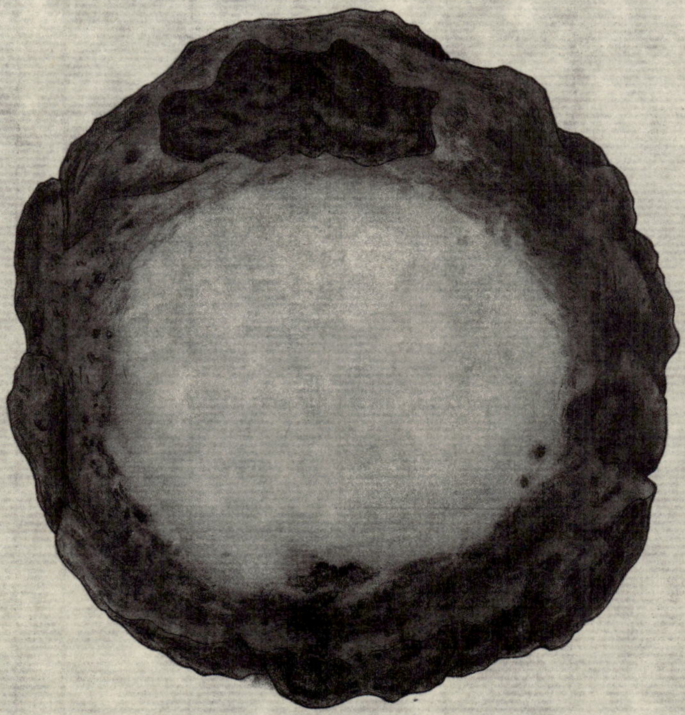

九

宋端溪天然子石硯背面圖

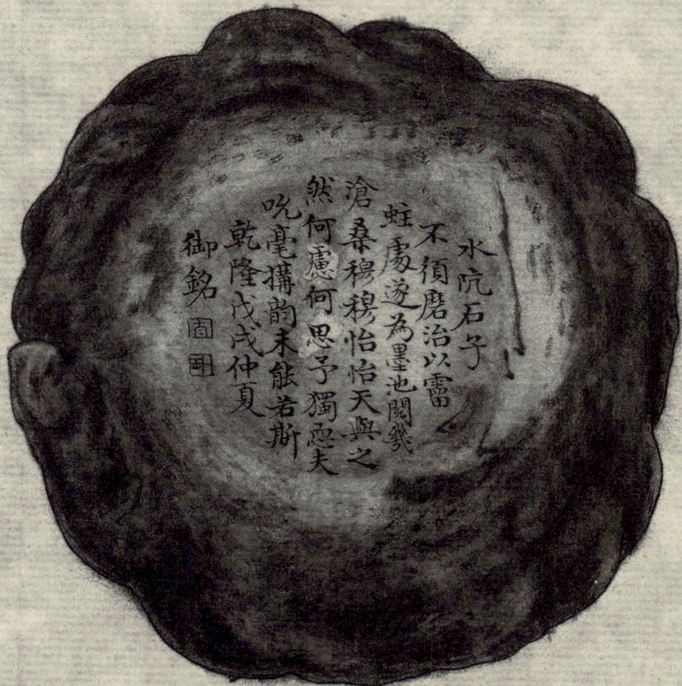

宋端溪天然子石硯說

硯係端溪天然子石約圍一尺許圓而微橢徑三寸許厚寸許四周皴皺上方有水蛀因為墨池面平為受墨處徑二寸餘皆不加礱治自然古樸周裏墨鏽尤極深厚背鐫

御題銘一首楷書鈐寶二曰太璞匣蓋並鐫是銘隸書鈐寶二曰比德曰朗潤

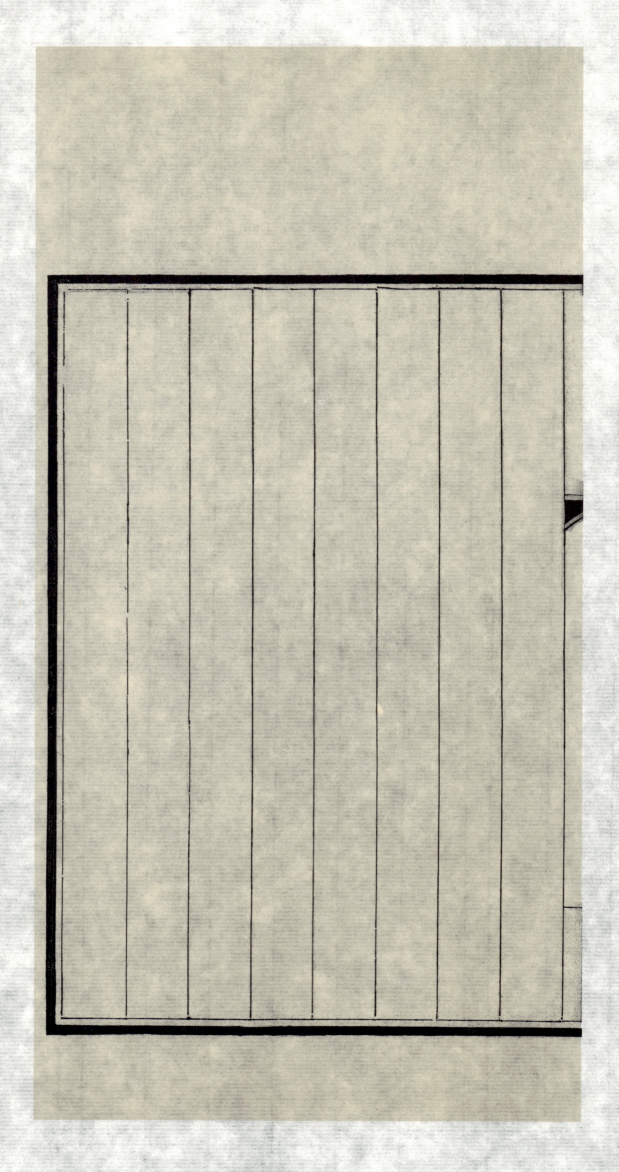

御製宋端溪天然子石硯銘

水阬石子不須磨治以雷蛀處遂爲墨池閱幾滄桑穆穆怡怡天與之然何慮何思予獨恧夫吮毫搆韻未能若斯

宋端溪子石蟠桃核硯正面圖 繪圖十分之七

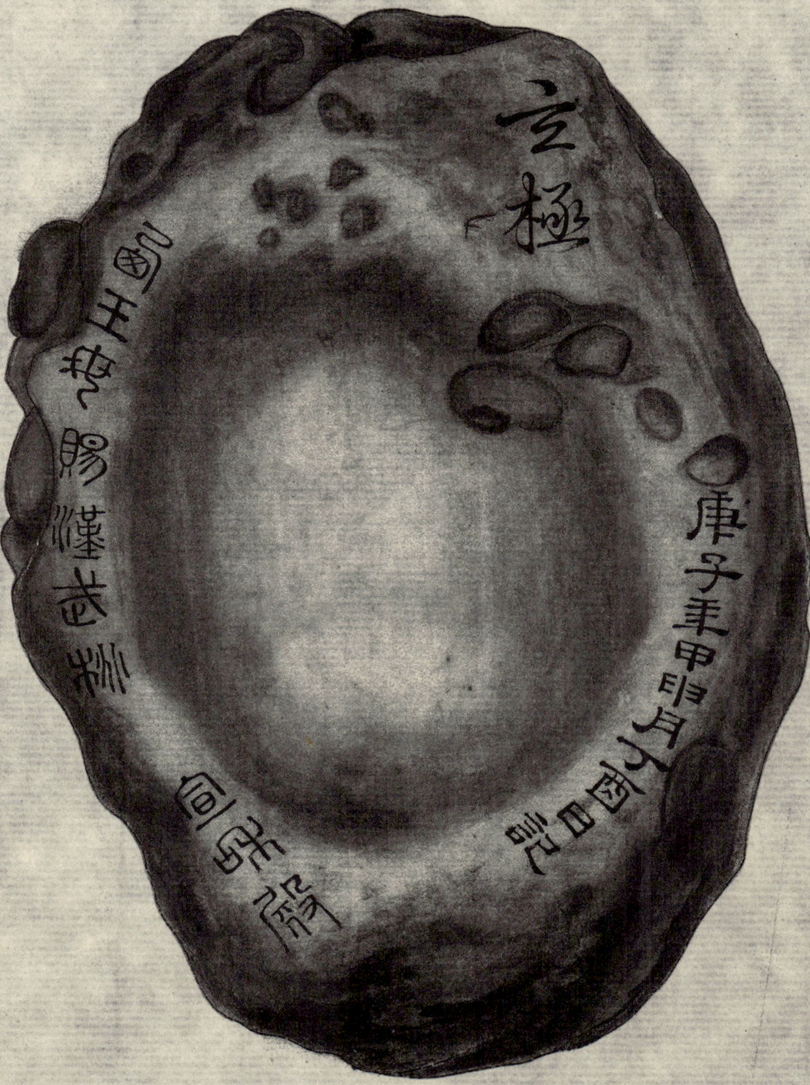

宋端溪子石蟠桃核硯背面圖

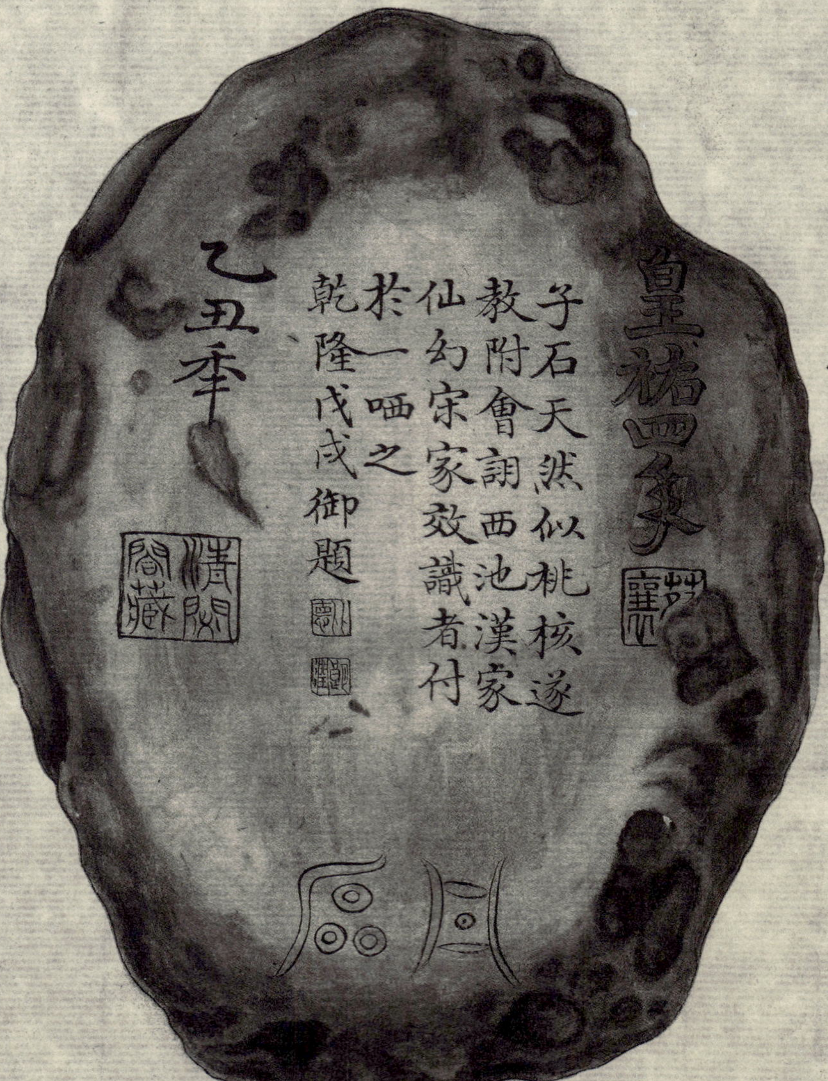

宋端溪子石蟠桃核硯側面圖

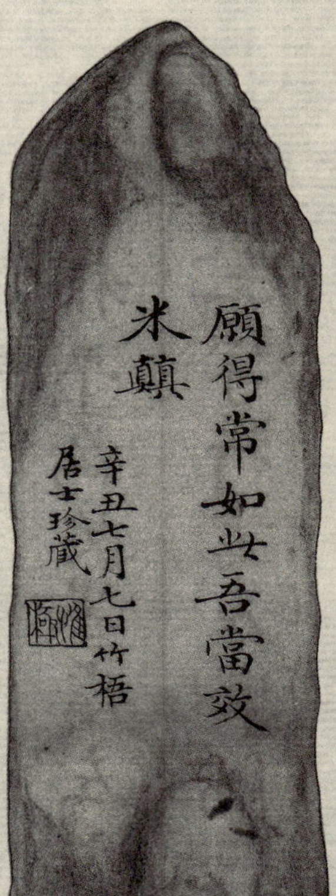

宋端溪子石蟠桃核硯説

硯約高六寸寬五寸厚一寸五分許宋端溪子石橢圓而長通體水蚶皺透因其天然琢為蟠桃核形硯面罄治稍平為受墨處左方畧窪為墨池右上方鐫元極二字行書左邊鐫西王母賜漢武桃七字稍下有宣和殿三字俱篆書右邊鐫庚子年甲申月丁酉日記十字隸書右側上方稍平處鐫願得常如此吾當效朱顛十字下署辛丑七月七

日竹梧居士珎藏十二字俱楷書下有惟極二字
方印一硯背左方鐫皇祐四年四字飛白書下有
蔡襄二字方印一左方鐫乙丑年三字楷書下有
清秘閣藏四字方印一下方鐫丹扃二字篆書中
鐫
御題詩一首楷書鈐寶二曰比德曰朗潤匣蓋並鐫是
詩隸書鈐寶二曰乾隆考古玉圖譜載有蟠桃核
杯與硯式正合左右邊所鐫篆隸書亦同按皇祐

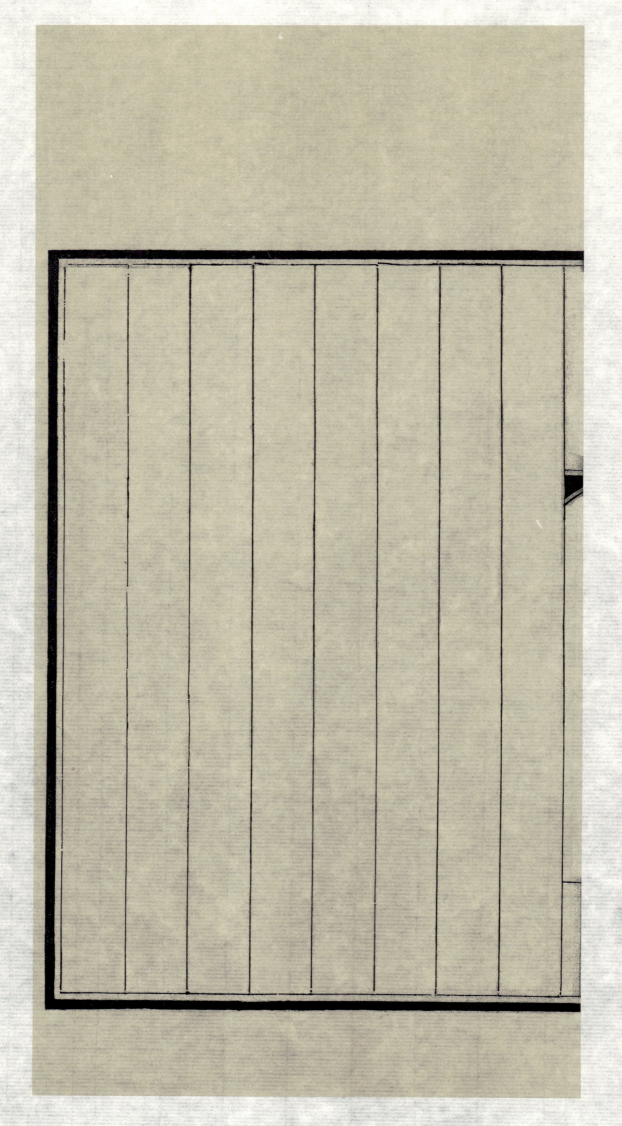

宋端石三星硯正面圖 繪圖十分之六

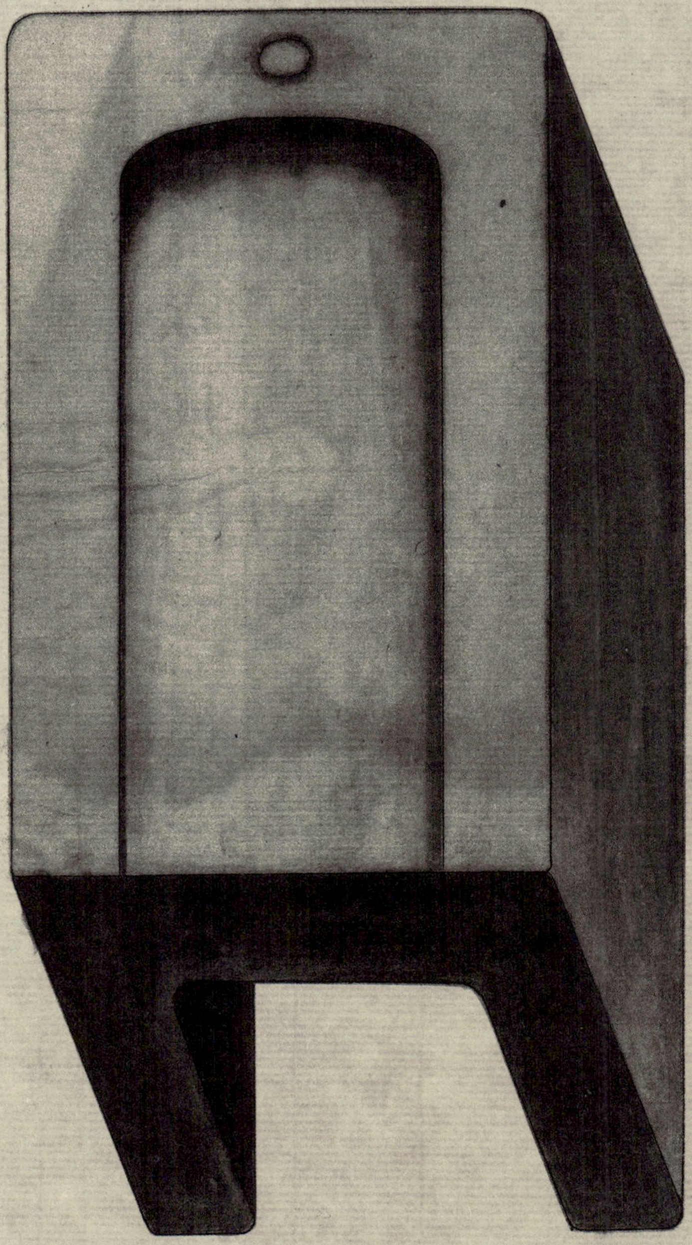

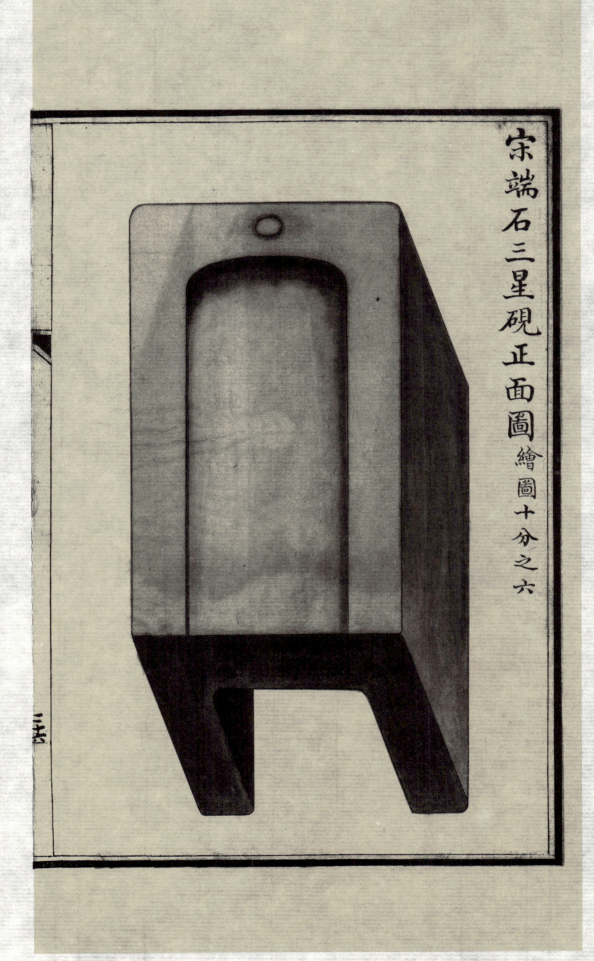

宋端石三星硯背面圖

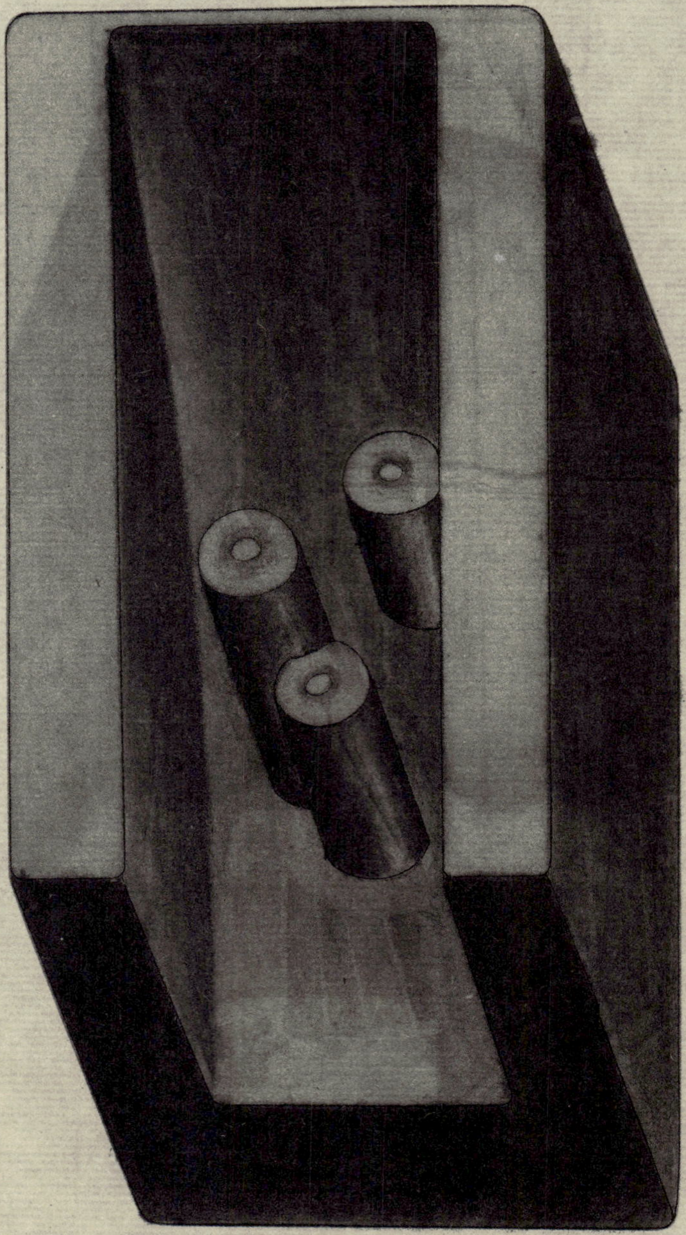

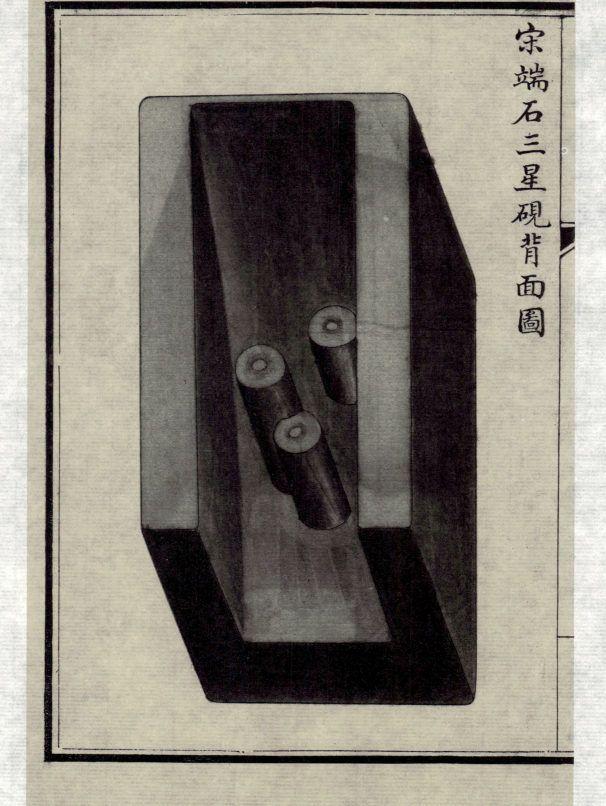

宋端石三星硯上方側面圖

硯額猶存雀
腦斑三星背
柱刻為圜東
薪設以摽梅
較美刺分明
在此間
乾隆戊戌仲
春御題

幾暇怡情
得佳趣

宋端石三星硯説

硯高六寸七分寬四寸一分厚三寸宋老坑端石側理爲之製作古樸硯面隱隱有白點所謂雀腦斑者是也墨池上有鸜鵒高眼一覆手刻作三柱參差高下眼皆明潤圓活上方側鐫

御題詩一首楷書鈐寶二曰幾暇怡情曰得佳趣匣蓋並鐫是詩隸書鈐寶二曰乾隆

御製題宋端石三星硯

硯額猶存雀腦斑三星背柱刻爲圜東薪設以摽梅較

美刺分明在此間

宋端石聚奎硯正面圖繪圖十分之六

宋端石騰蛟硯說

硯高五寸六分寬三寸五分厚二寸水岩佳石側理為之質細而白硯面右旁及左下方俱有翡翠點墨池深五分許聚瀋極多中刻蟠蛟一昂首作騰趠勢邊刻帶文覆手刻柱二十有四柱各活眼

一上方側鐫

御題詩一首楷書鈐寶二曰會心不遠曰德充符匣蓋並鐫是詩隸書鈐寶同

御製題宋端石騰蛟硯

側理微存翠點加墨池潤意蘸心芽騰蛟設以喻文筆

應贈詞宗學士家

三

宋端石印川硯正面圖

繪圖十分之七

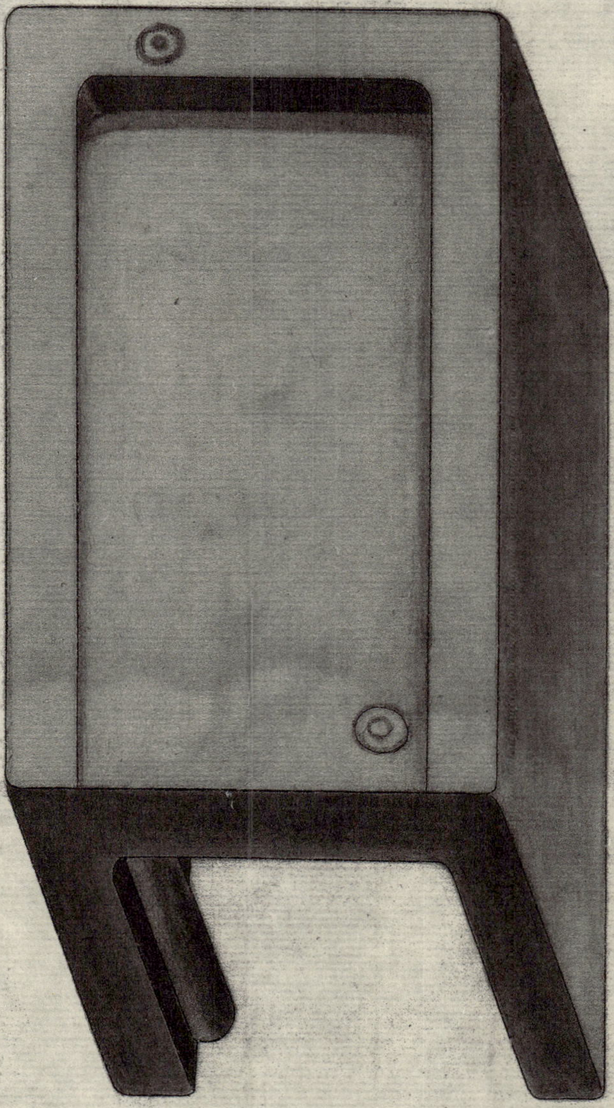

宋端石印川硯說

硯高五寸二分寬三寸一分厚二寸二分宋坑蕉白端石側理為之墨池上活眼一懸如朗月右下方蕉葉紋如水波層疊中涵活眼一恰與上方眼對照如月之印川天然巧製覆手柱十高下參差亦各有眼上方側鐫

御題銘一首楷書鈐寶二曰會心不遠曰德充符匣蓋並鐫是銘隸書鈐寶二曰幾暇怡情曰得佳趣

御製宋端石印川硯銘

月印千川率稱禪理一以貫之豈殊斯旨活眼對照非彼非𤰞徒以品佳置於綈几臨池則悉形似而已

宋端石三虎硯正面圖

繪圖十分之八

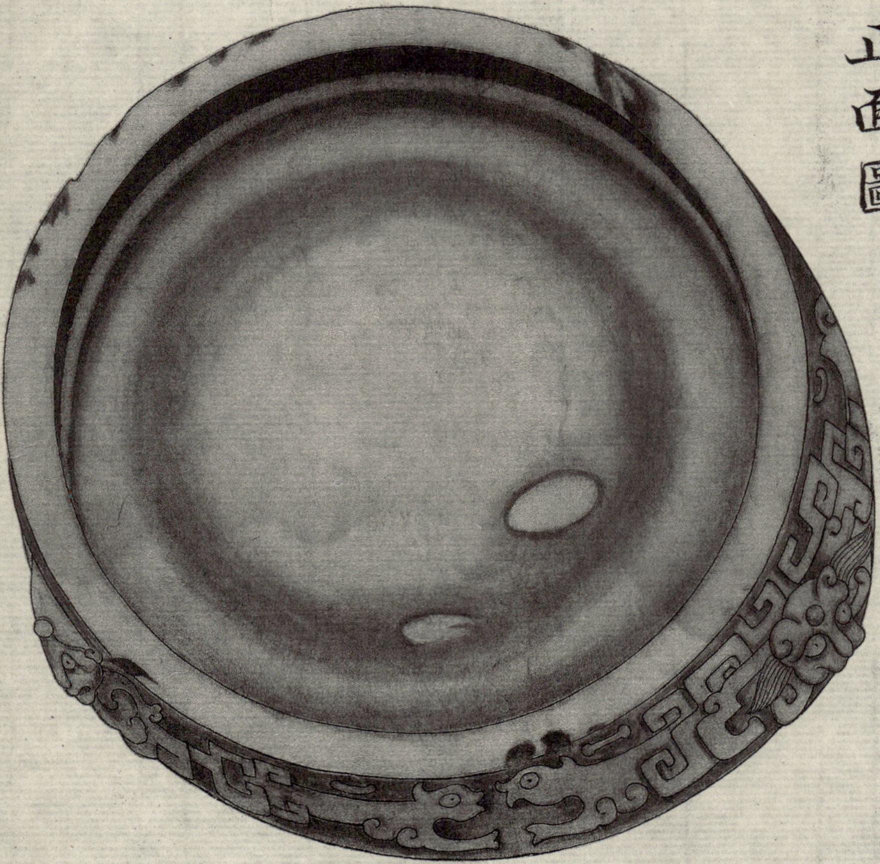

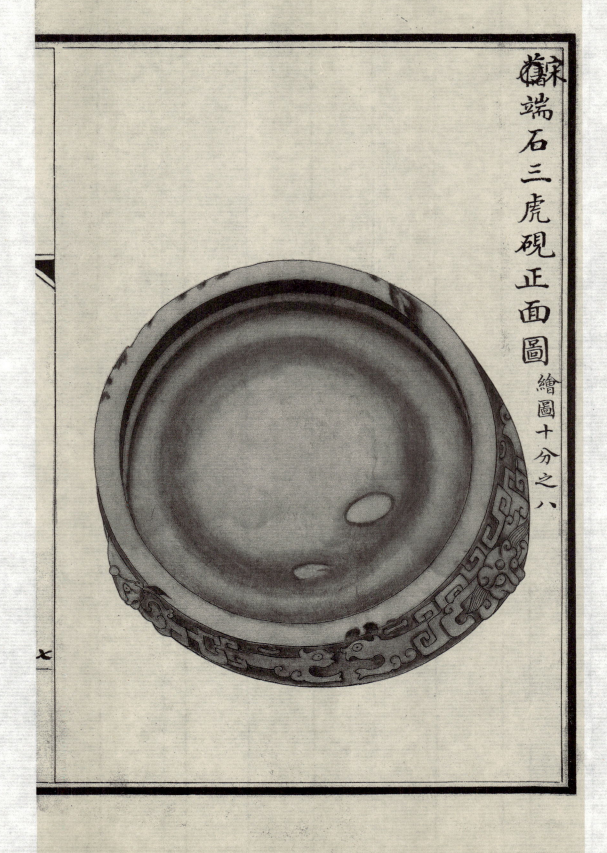

宋
舊端石三虎硯背面圖

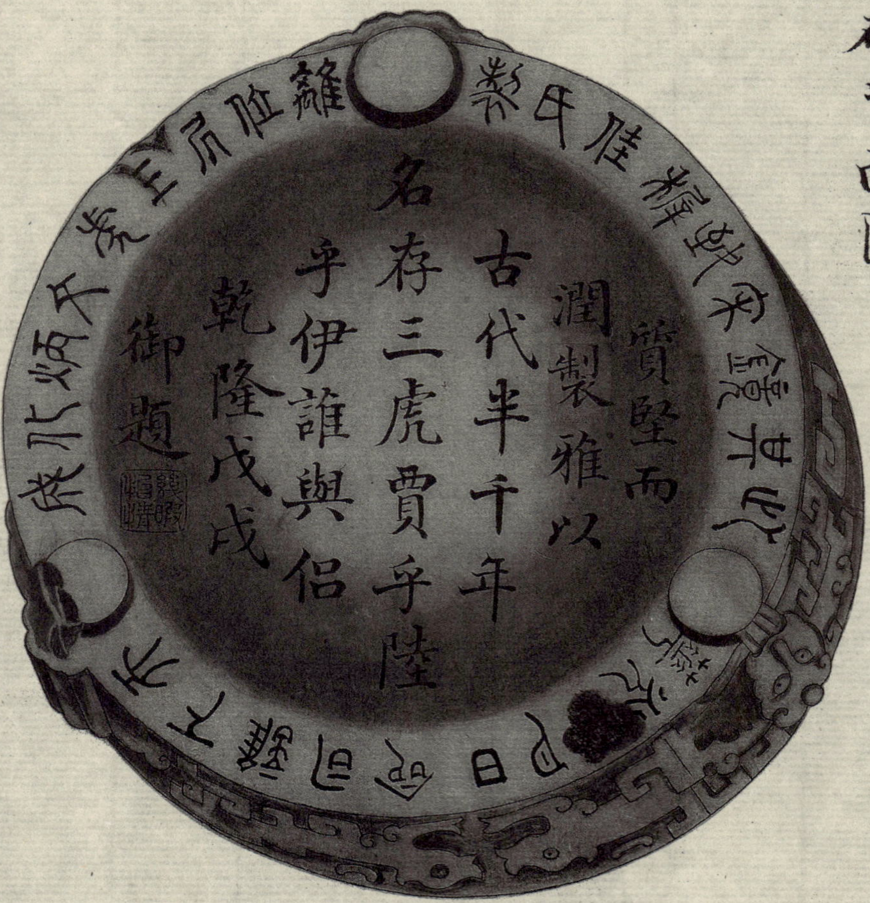

宋舊端石三虎硯說

硯體正圓徑四寸五分厚八分舊坑端石為之受墨處微凹墨池作偃月形右上方有刓缺側面周刻雲螭近跗處刻三虎頭抱跗出硯體二分許覆手圓而窪內鐫

御題銘一首楷書鈐寶一曰幾暇怡情周邊鐫銘二十一字署宋致穉佳氏製五（六）字款俱篆書考宋致

本朝吏部尚書宋犖之子仕至布政使是硯刻鏤工

八

雅石質古確係舊製而為宋致收藏題欵匣蓋

鐫

御題銘與硯同隸書鈐寶一曰乾隆宸翰

御製舊宋端石三虎硯銘

質堅而潤製雅以古代半千年名存三虎賈乎陸乎伊誰與侶

宋致銘　離位居三虎文炳化成天下誰司命日月光華比其鏡

九

御製題宋端石鳳池硯

鳳池硯合玉堂用草制誰能公且平蘇軾寧非正人者

鄙他劊子自稱名

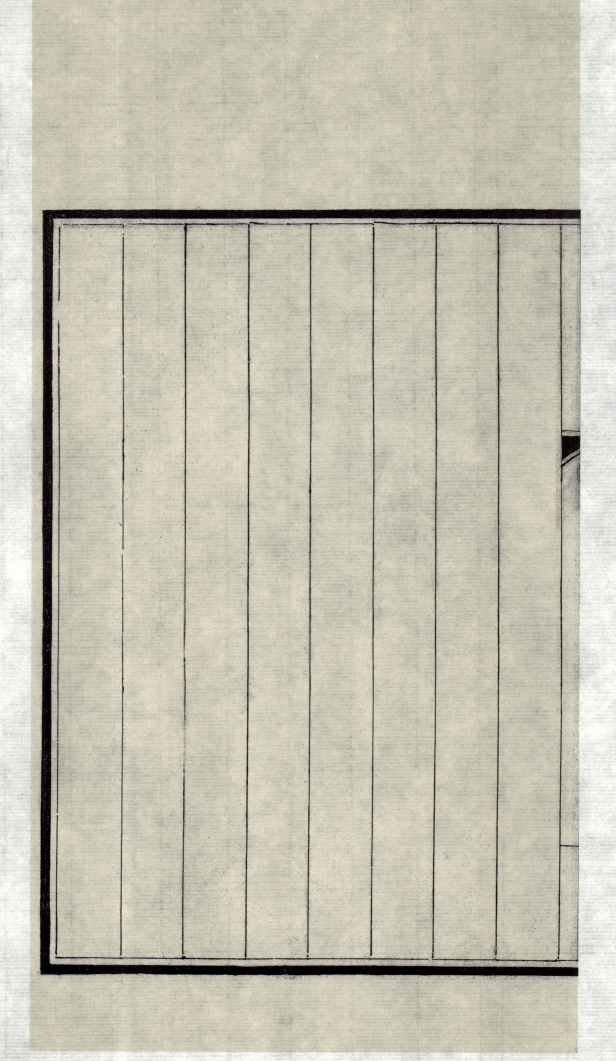

宋端石重卦硯正面圖 繪圖十分之六

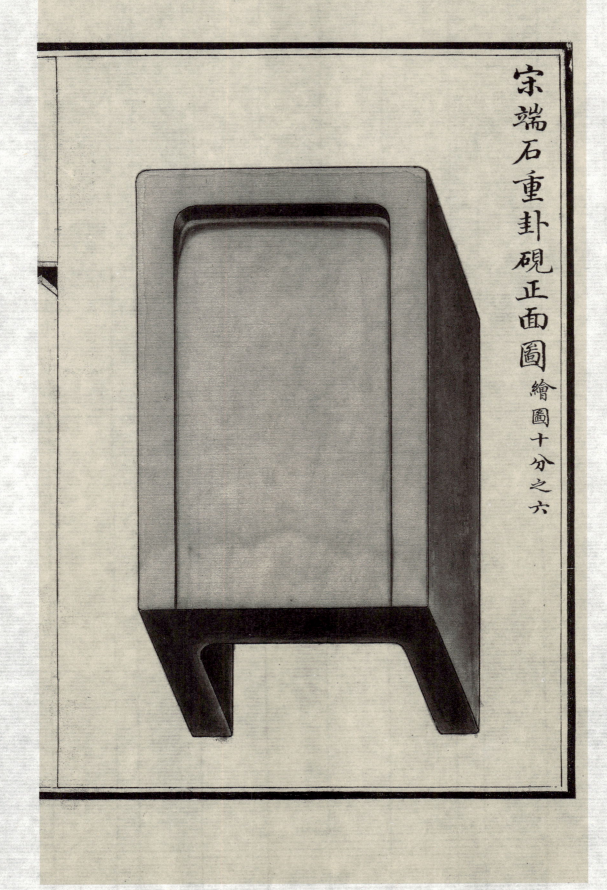

宋端石重卦硯背面圖

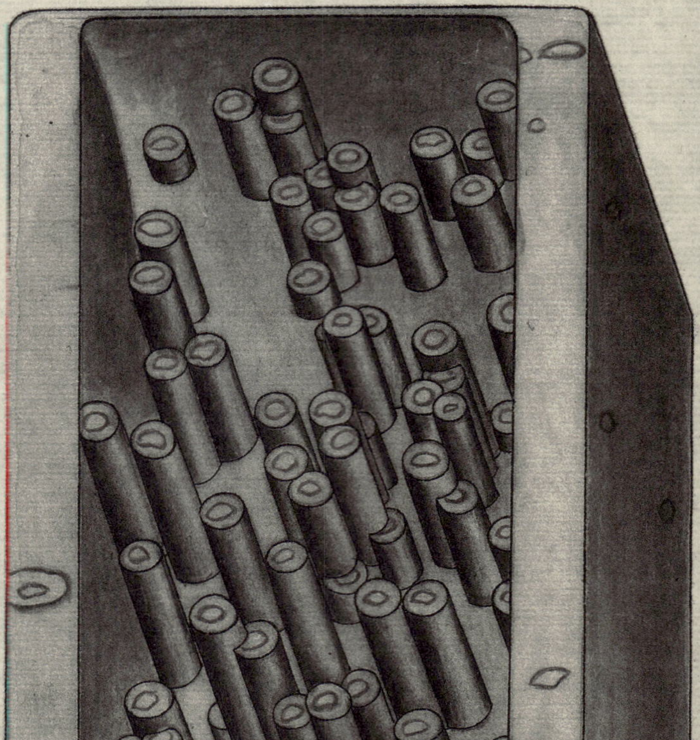

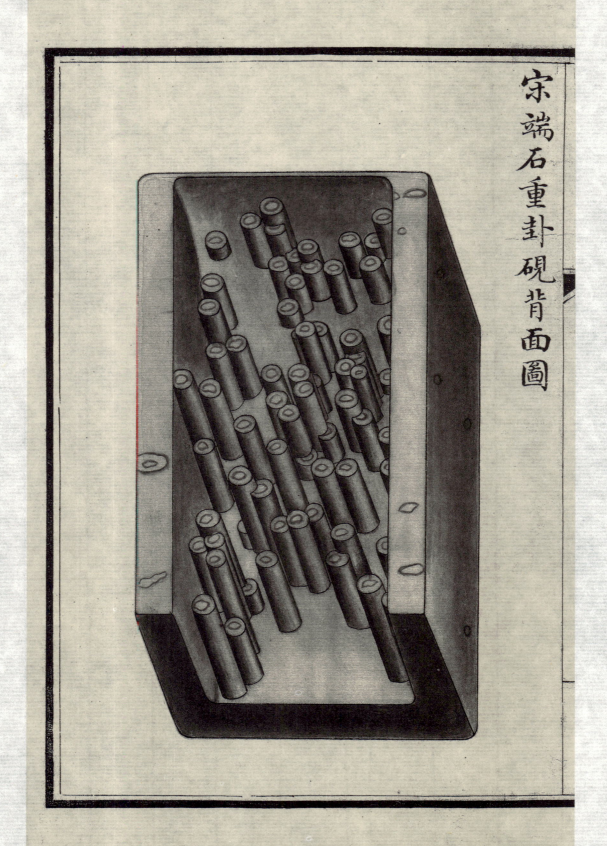

宋端石重卦硯上方側面圖

奇偶八含八復重卦成六十四為宗由来天地自然數豈是羲文故作蹤刻柱令人明著眼未言惟硯密藏胸玩辭則置斯觀象用者宜誰宜邵雍

乾隆戊戌夏日

御題

宋端石重卦硯說

硯高六寸八分寬四寸三分許厚二寸二分許宋端溪梅花坑石質純色淡通體青花隱隱中間以翠點覆手刻六十四柱長短不一柱各有眼恰合八卦重列之數上方側面鐫

御題詩一首楷書鈐寶二曰比德曰朗潤匣蓋並鐫是詩隸書鈐寶一曰幾暇怡情是硯眼雖繁而遍畧遜水坑然體博製古要非近時有也

御製題宋端石重卦硯

奇偶八含八復重卦成六十四為宗由来天地自然數

豈是羲文瓶作蹤刻柱令人明着眼不言惟硯窓蔵胸

玩辭則置斯觀象用者宜誰宜卲雍

宋端石紫袍金帶硯正面圖 繪圖十分之六

二十三

宋端石紫袍金帶硯背面圖

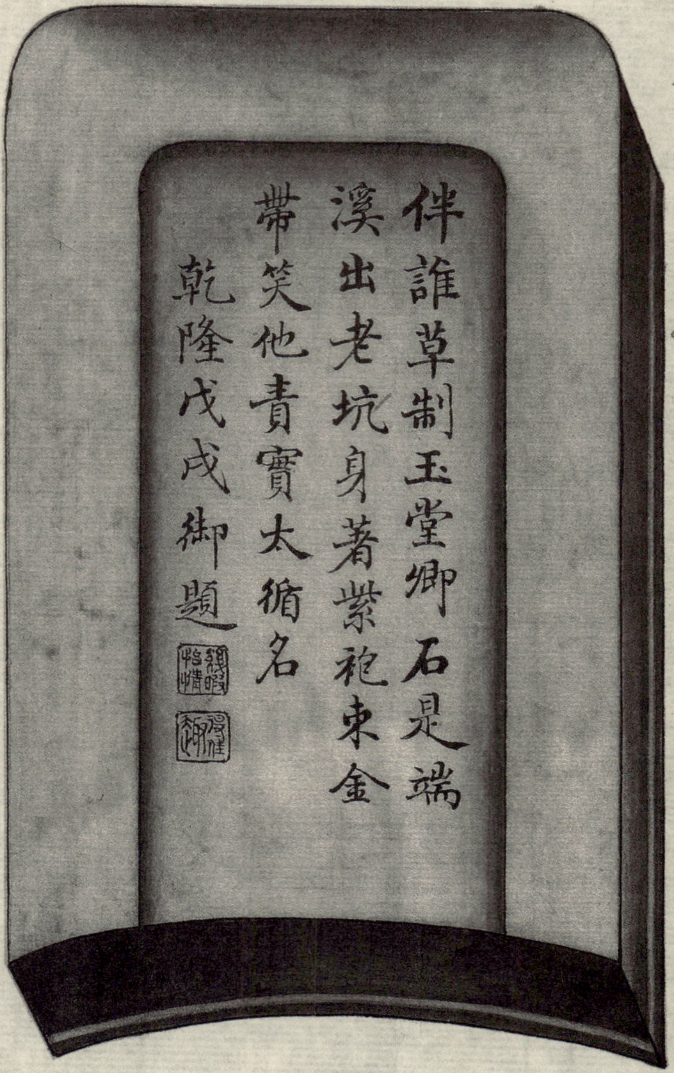

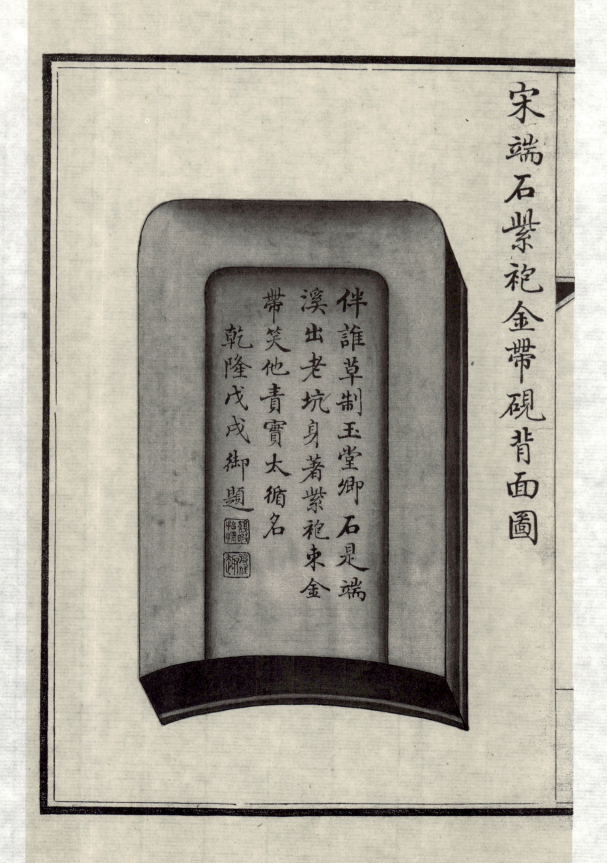

宋端石紫袍金帶硯說

硯高七寸寬四寸八分厚一寸一分宋老坑端石色類紫金琢為硯瓦式受墨處橢圓如瓜上爲墨池墨鏽深厚硯背下方插手處稍穹起兩跗離几僅分許中鐫

御題詩一首楷書鈐寶二曰幾暇怡情曰得佳趣匣蓋並鐫是詩隸書鈐寶二曰乾隆是硯側面周圍金線文一道明潤勻整與文天祥玉帶生硯相似而

彼係白脈此則黃文取象稍別宋時坑石每有此

種然流傳絶少洵奇品也

御製題宋端石紫袍金帶硯

伴誰草制玉堂卿石是端溪出老坑身著紫袍束金帶

笑他責實太循名

墨池
偃月

宋端石石渠秘閣硯正面圖 繪圖十分之六

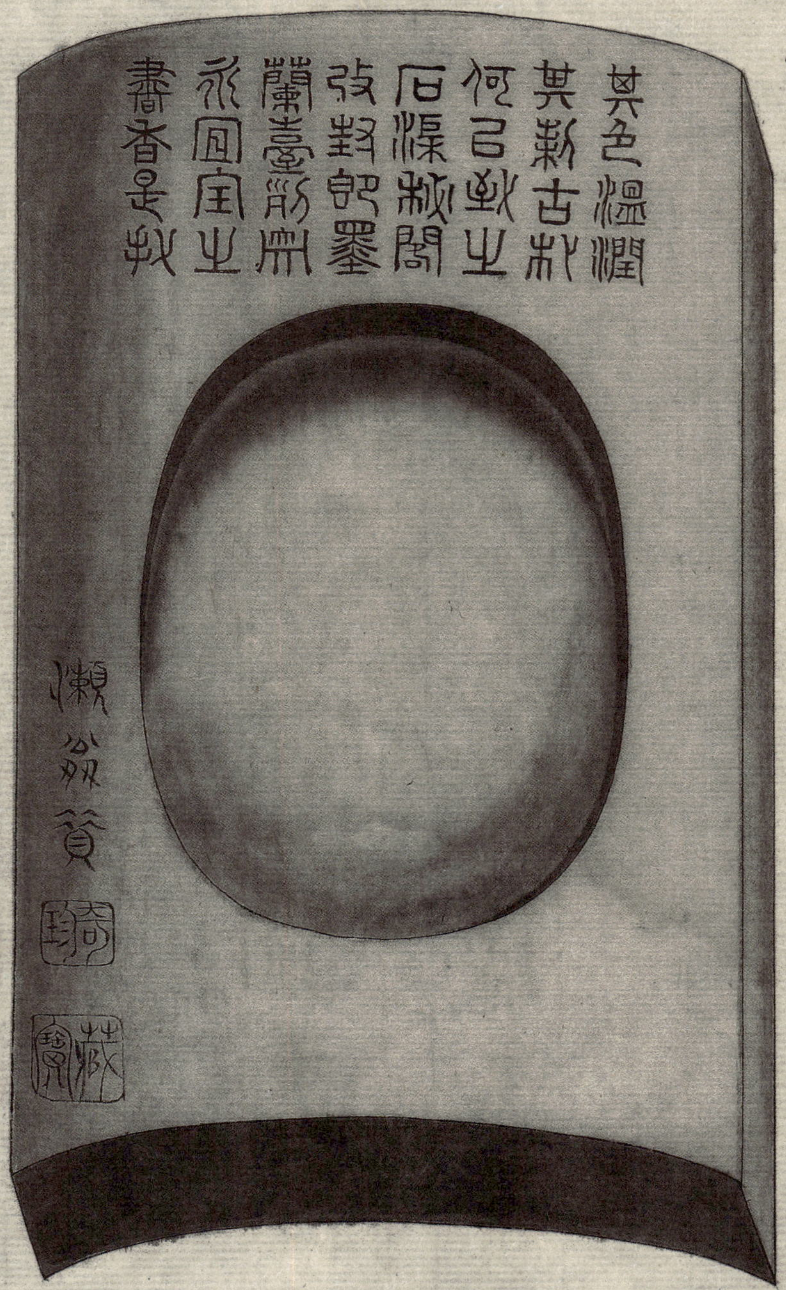

二十六

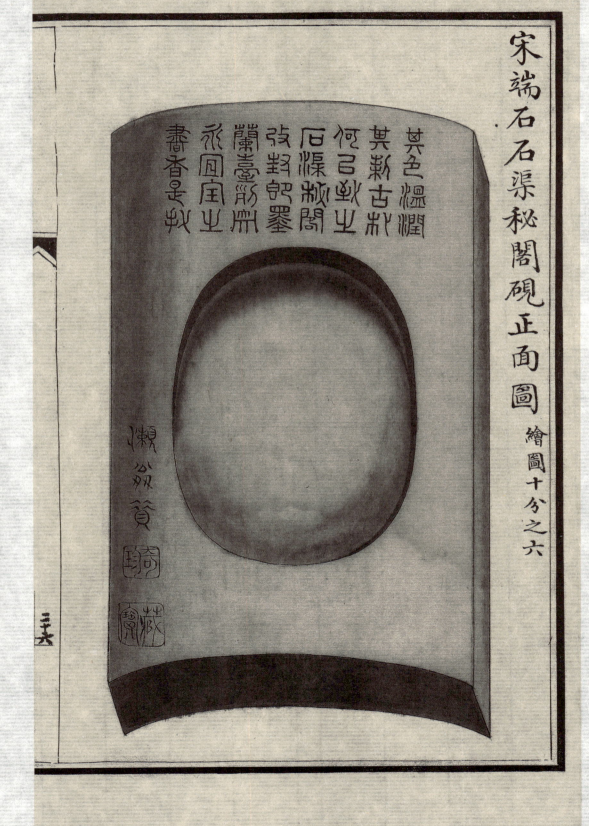

宋端石石渠秘閣硯背面圖

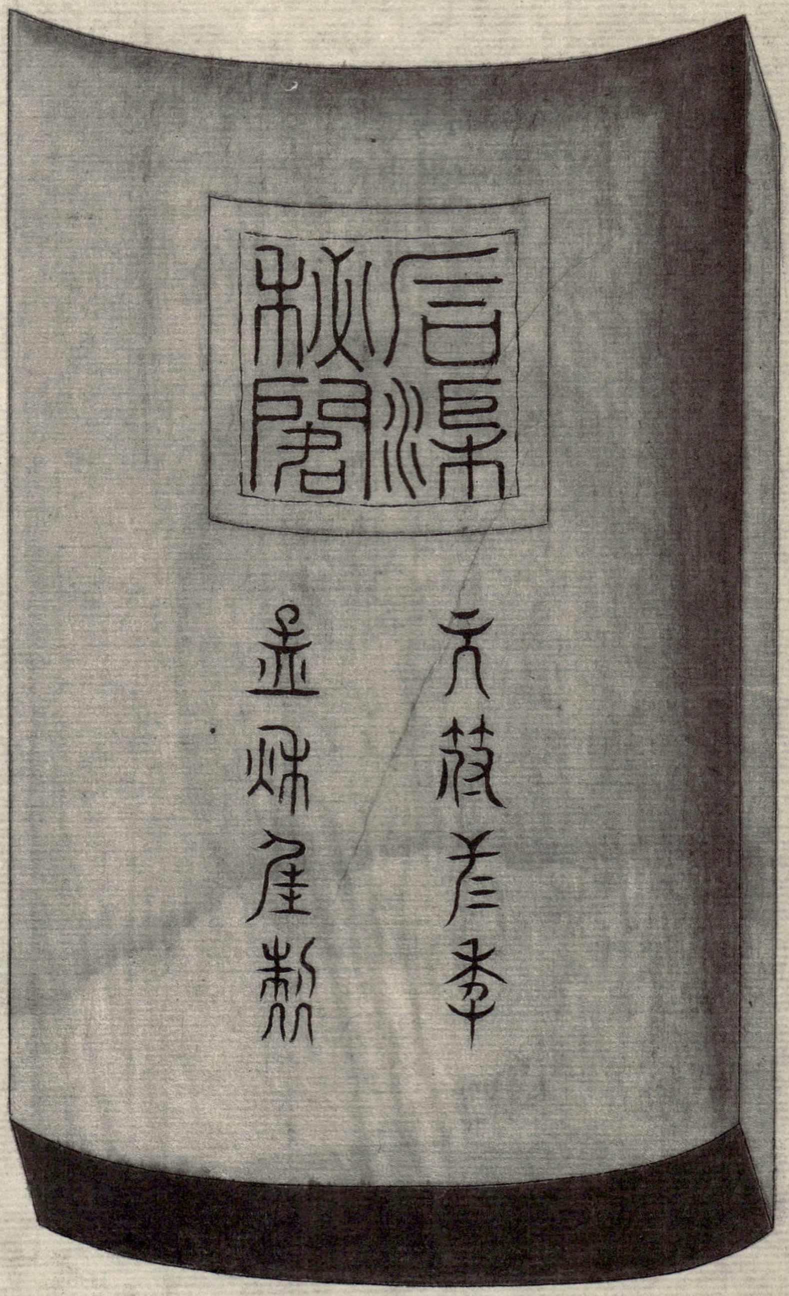

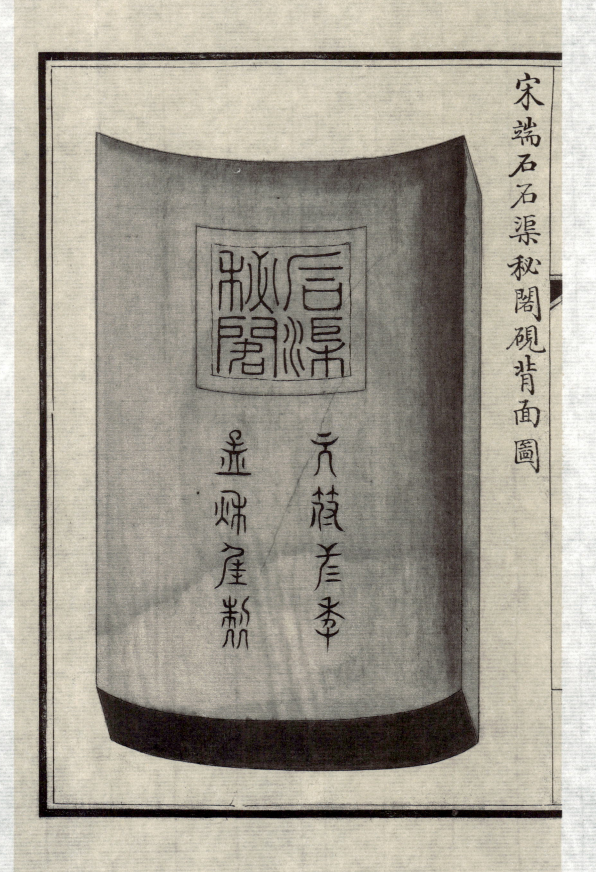

宋端石石渠秘閣硯側面圖

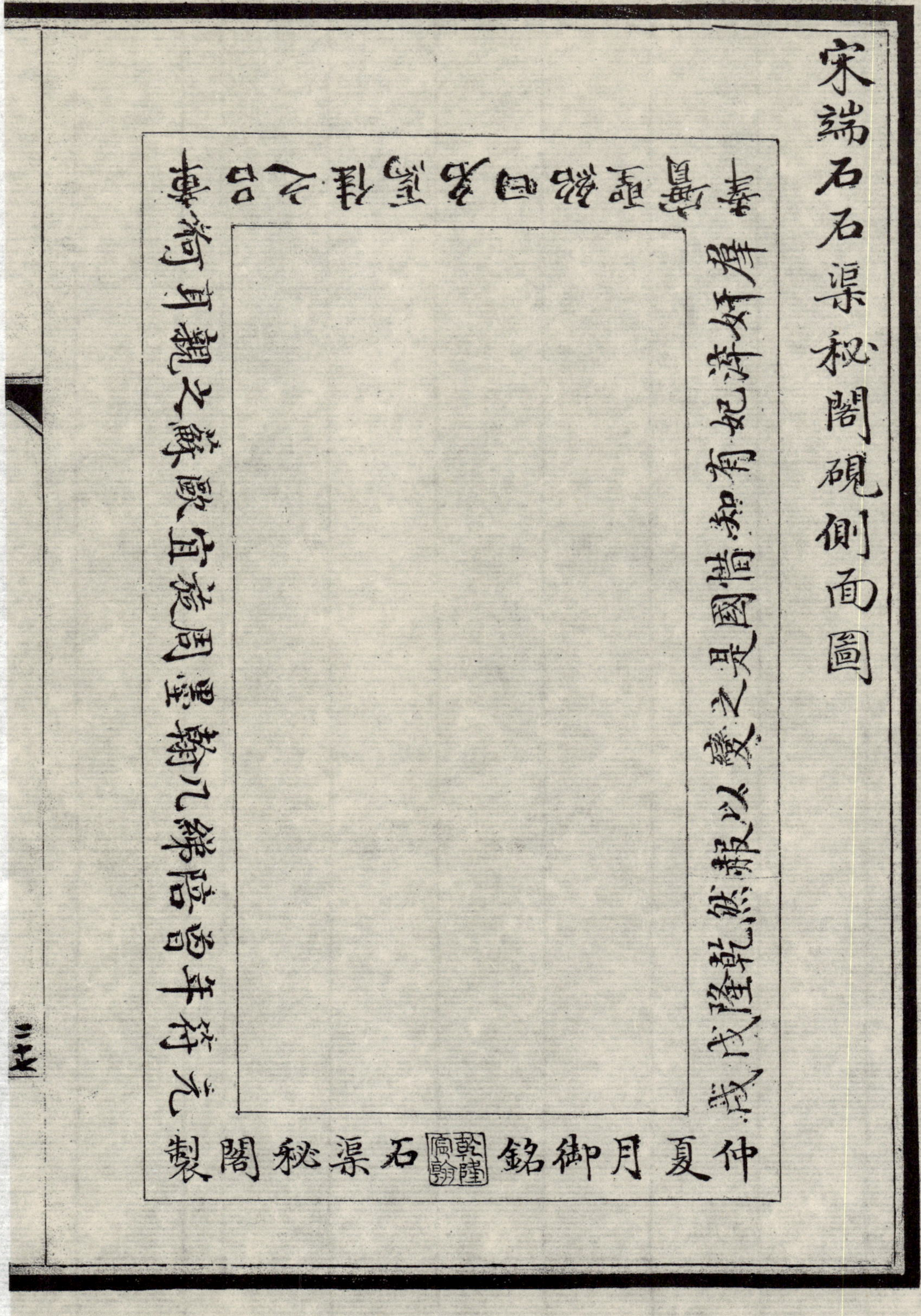
元符年間品錦几翰墨周旋宜歐蘇之親可荷韋呂之佳焉名曰紹聖實韋摩挲好妃有知惜國是之愛以報然乾隆戊戌仲夏月御銘
乾隆宸翰
石渠秘閣製

宋端石石渠秘閣硯説

硯高八寸五分寬五寸七分厚九分宋端溪石也製仿漢未央瓦硯式穹起離几三分許受墨處橢圓上為墨池如偃月硯首鐫贊三十二字左下方鐫瀨翁贊三字款俱篆書下有奇珍二字藏寶二字大小方印二硯背鐫石渠秘閣方印一下鐫元符三年孟秋佳製八字篆書側面周鐫

御題銘一首楷書鈐寶一曰乾隆宸翰考元符為宋哲

宗紀年硯鐫石渠秘閣印當係其時三館官硯瀨
翁無考匣蓋鐫
御題銘與硯同隸書鈐寶二曰乾隆

二十八